Mein Kartenhaus

für meine Frau

Kerstin F. Wolff

Mein Kartenhaus

Bibliografische Information der Deutschen Nationalbibliothek:
Die Deutsche Nationalbibliothek verzeichnet diese Publikation in der Deutschen Nationalbibliografie; detaillierte bibliografische Daten sind im Internet über http://dnb.dnb.de abrufbar.

für diese Zusammenstellung:
© *2016 by Kerstin Folke Wolff*

Illustration der Titelseite nach einem Entwurf von Martin Mäcker
Umschlag-Layout durch Hans-Jürgen Nolte

Kontakt: autorin.kerstin.f.wolff@t-online.de

Herstellung und Verlag: BoD – Books on Demand, Norderstedt

ISBN: 978-3-7412-7510-4

Seit meiner frühen Jugend formen sich viele meiner Gedanken über die Menschen und die Welt zu Gedichten und kurzen Texten.
Und irgendwann ergab sich die Gelegenheit, einige meiner Texte als Postkarte drucken zu lassen ...

   ... und ich ergriff die Gelegenheit, natürlich ...

   ... bisher vielfach verschenkt und einzeln in die Welt entlassen, sollen diese 'Postkarten-Texte' nun aber doch noch einmal in einer Sammlung untrennbar vereint bleiben dürfen ...

   <u>' mein KARTENHAUS '</u> ... ? ? ?

   ... ja, schon damals durften die Postkarten mit einem eigenen leitenden Motiv erscheinen, das freundlicherweise von Martin Mäcker speziell für meine Lyrik-Karten erdacht und erschaffen wurde ...

   ... und an dieser Stelle muss dieses schöne Motiv natürlich auch wieder Verwendung finden ! ! ! ...

<u>vor der flut</u>

behutsam und sacht
schrieb ich deinen namen
mit sauberen lettern
in den weißen sand

genesis

„das stück erde war noch öde wüste
und gott schied das licht von der finsternis

und die erde ließ frisches grün sprossen"
- über Hiroschima

vorsorge

ganz einfach so
hatte er die kontrolle verloren
- dann war nichts mehr

die trümmer klebten am schild
„sicht weg - gas weg"

kein baum weit und breit
nur dieses schild

<u>und im alter ein hörgerät</u>

bass drums & orgel
zerfetzen
fast das trommelfell

aber es war dann wenigstens
keine
blechstanze
kein
schiffsdiesel oder
preßlufthammer

Tschernobyl

bumm !

reaktor schmilzt

wolke kommt

menschen weg

und falls dann mit den jahren
das schweigen zu uns kommt

werden wir es bemerken ?
werden wir es zerreden ?
      - - - zerstreicheln ?

<u>autobahn</u>

mit 120 km/h
unter der brücke hindurch

für einen moment
verband uns das winken

gott –

*wenn ich du wäre
ich würde den menschen
diese erde nehmen*

*den menschen
diese erde
einfach nehmen !*

zusammen bestimmt einhundertundfünfzig
jahre

und doch
oder vielleicht deshalb

oder einfach nur
– aus liebe!

hand in hand

liebe ißt
deinen kopf leer
liebe ißt
deine seele weg
liebe ißt
dich auf
?

doch:
ißt liebe wirklich
wenn sie ist?

<u>mutter erde</u>

kann doch sein,
daß wir unsere zukunft
schon jetzt verspielt haben

kann doch sein,
daß das maß voll ist

kann doch sein,
daß die zeit reif ist
daß unsere zeit um ist

kann doch sein,
daß sie so langsam
unserer überdrüssig ist

ein schnipp mit dem finger
ein wurf aus der hand

- die kippe auf der strasse
- die dose im gebüsch

und so werden aus dummen
- täter !

zu viel
rücksichtnahme –
verständnis –

zu viel
kostet uns
ein wenig rücksichtnahme –
ein wenig verständnis –

zu viel kosten sie uns
– so scheint es –

das gaspedal durchtreten
- nicht schnell genug

die leitplanke durchbrechen
- nicht schnell genug

ins gras beissen
- nicht schnell genug

diese kleinen fältchen
die du trägst
die du zeigst

sind meine spuren

in deinem gesicht
in deinem leben
in deinem ich

von unserer
arroganz und selbstgerechtigkeit
so sehr angewidert

kollabiert sie einfach
und kotzt uns aus

kotzt uns zurück
in das unendliche nichts
des universums

Tschernobyl
– natürlich

Seveso
– selbstverständlich

Bhopal
– vielleicht

erinnern wir uns noch

an unseren eigenen
wahnwitz

<u>weihnacht</u>

bald wird es wieder

weihnacht sein
auf dieser erde

weihnacht sein
in vielen ländern

weihnacht sein
in manchen herzen

immer lauter werden wir
immer mehr wollen wir diese welt übertönen

immer heller werden wir
immer mehr wollen wir diese welt erleuchten

und doch erzählt die stille so viel mehr
und doch beleuchtet die dunkelheit so viel mehr

von dir von mir – vom leben

zeitzeitzeitzeitzeitzeitzeitzeitzeitzeitzeitzeitzeit
zeitzeitzeitzeitzeitzeitzeitzeitzeitzeitzeitzeitzeit
zeitzeitzeitzeitzeitzeitzeitzeitzeitzeitzeitzeitzeit
zeitzeitzeitzeitzeitzeitzeitzeitzeitzeitzeitzeitzeit
zeit---zeit hetzt mich durch mein leben
zeit rinnt mir durch die finger
zeit rinnt mir durch mein
ich und durch meine
finger ganz einfach
durch mein ich
und diese
finger:
zeit
zeit
zeit
??????
und mein
armseliges ich
mein so armseliges
leben wird einfach so
immer kleiner einfach so
wird kleiner bis es dann ganz
einfach geworden ist zu endloser zeit---zeit
zeitzeitzeitzeitzeitzeitzeitzeitzeitzeitzeitzeitzeit
zeitzeitzeitzeitzeitzeitzeitzeitzeitzeitzeitzeitzeit
zeitzeitzeitzeitzeitzeitzeitzeitzeitzeitzeitzeitzeit
zeitzeitzeitzeitzeitzeitzeitzeitzeitzeitzeitzeitzeit

dieses leben – mein leben
so wenig wert
wahrscheinlich sogar
– überhaupt nichts wert –
denn:

keinen kredit
bekäme ich auf dieses leben
nicht einmal einen wechsel
könnte ich auf mein leben ausstellen

höchstens, vielleicht,
könnte ich mein leben
– verwetten?

SO VIELE:

                DUMME ÄRSCHE
                GROßE ÄRSCHE
                EKLIGE ÄRSCHE
                FRECHE ÄRSCHE
                HÄßLICHE ÄRSCHE
                GANZ BESONDERE ÄRSCHE

SELTEN JEDOCH:

                ARME ÄRSCHE

schade, eigentlich

wir hätten
auf dieser erde
wir hätten
mit dieser erde

leben können

schade,
eigentlich

zukunft
du teilst dein wissen nicht mit mir

zukunft
du verrätst mir mein schicksal nicht

aber
du pflanzt in meine träume
eine ahnung ein

KONSUM
KONSUM
KONSUM
KONSUM
KONSUM
KONSUM
KONSUM
KONSUM
KONSUM
KONSUM
KONSUM

und natürlich
- manchmal -
auch ein wenig kreativität

die kleinen dinge des lebens
die verabredungen
die verpflichtungen
verschoben
von einem tag auf den nächsten

das leben
verschoben
von einem tag auf den nächsten

gewissheit

sie werden es tun
- wenn sie es erst können -

denn :

sie haben es immer getan
- wenn sie es erst konnten -

zartes grün bricht durch den asphalt
und
auf litfaßsäulen wächst gras

zuversicht keimt
trägt alles leben in sich
macht einen neuen anfang

und hat dabei doch
niemals ein ende gefunden

- kleben kannst du alles -
jedenfalls
fast alles

aber
herzen
kannst du nicht kleben
und auch
freundschaft
kannst du nicht kleben

hoch zu roß
- stolz -
- so unendlich stolz -

doch

wie stolz
wären sie denn ohne ihr roß
?

egal –
macht gar nichts –
ist doch wurscht –

ist halt nur eine fliege
es gibt doch so viele davon

ist halt nur eine spinne
es gibt doch so viele davon

ist halt nur eine maus
es gibt doch so viele davon

würdenträger
ordensträger
preisträger

lächelnd und so stolz bist du
während die welt dich ehrt
für deine verdienste und deine leistungen

doch nur wenige, ganz wenige
kennen die untiefen deiner seele
versteckt hinter deinem lächeln

gelegentlich
fällt es mir wieder ein
und
ich erinnere mich wieder

daß ich eigentlich
ehrlich und aufrecht
und so gerne auch
immer nur kompromißlos
sein wollte

gelegentlich
fällt es mir wieder ein
und dann
fordere ich mich aufs neue

vorbilder
so verehrt und so geliebt

doch über die vielen jahre
verblasst und geschrumpft
mit der zeit
so kläglich und gewöhnlich
geworden

so ärmlich und fast schon
zum schämen

einzig die veränderung
zählt
allein sie hat schon immer
und
allein sie wird auch ewig
der einzige maßstab sein

für richtig und für falsch

über die jahre

immer nur
kleine stiche und kleine schnitte
immer nur
kleine verletzungen

doch auch durch viele kleine narben
mag keine liebe mehr dringen

DU HAST AUGEN
DOCH
WAS KANNST DU SEHEN?
WAS WILLST DU SEHEN?

DU HAST OHREN
DOCH
WAS KANNST DU HÖREN?
WAS WILLST DU HÖREN?

DU HAST EINE SEELE
UND
DU HAST EIN GEWISSEN
DOCH
WAS LÄẞT DU GESCHEHEN!

lustig, lustig
wie sie wieder jung zu werden
scheinen

die
alten kerle
&
die
alten säcke

lustig, lustig
wie sie wieder jung zu werden
meinen

vielleicht
ist es halt doch manchmal
nicht so einfach
– wie wir denken –
mit
gut und böse
mit
richtig und falsch

vielleicht
hat die natur manchmal
doch eine andere meinung
von
gut und böse
&
von
richtig und falsch

nicht besser bin ich
nein
wirklich nicht besser

nur ein wenig
verrückter

jawohl
zumindest
das bin ich

sie
halten so viel
von sich und auch auf sich
– die menschen –

doch
das mensch-sein
müßten sich so viele noch
erarbeiten
und
die menschlichkeit
erlernen

manchmal
wenn es keiner hört
wenn mich keiner sieht
dann
verstecke ich es nicht
verberge ich mich nicht
denn
dann werde ich radikal
in meiner ansicht
in meiner meinung
und
es gibt kaum noch gnade
vor diesen augen
vor diesem anspruch

an gerechtigkeit
und
an menschlichkeit

solange
sie über mich reden
solange
sie über mich ihre witze machen
solange
sie mit dem finger auf mich zeigen

solange
kann ich in der gewißheit leben
– es gibt mich noch –

sie krabbeln
unter einem stein hervor
&
sie kriechen
nach oben ans tageslicht
&
sie meinen
dann tatsächlich auch noch
-
die welt hörte
auf ihr kommando

viele gedanken schon gedacht
in meinem leben

manche vergebens
viele einfach dumm
und viele sind mir
heute so sehr peinlich

viele dinge schon getan
in meinem leben

manche vergebens
viele einfach dumm
und viele sind mir
heute so sehr peinlich

so viele dinge
die wir zusammen tun können

doch manchmal ist es wirklich das
allerschönste

wenn wir einfach nur
gemeinsam & miteinander
schweigen

zu wenig zeit
für dieses leben
oder
zu wenig leben
für diese zeit ?

zu wenig ich
für dieses leben
oder
zu wenig leben
für dieses ich ?

EINSICHT

SORGEN SO GROSS !
LEBEN SO SCHWER !

SORGEN SO WICHTIG ?
LEBEN SO NICHTIG ?

SOrGEN SO ENDLOS ...
LEBEN SO KURZ ...

mancher
verliert sein herz

mancher
verliert die kontrolle

mancher
verliert sein leben

in diesem leben

es ist nicht wichtig
es ist nicht wichtig
es ist nicht wichtig
!

es ist nichts wichtig
– nicht wirklich wichtig –
!

du
findest und erfindest

ausreden und entschuldigungen
und sie klingen
so
richtig & gut
so logisch & so wahr
.

und doch weisst du ganz genau

es ist alles gar nicht wahr
es sind alles nur
ausreden und entschuldigungen

- niemals !!!

manche   dinge ändern sich
viele   dinge ändern sich
wichtige   dinge ändern sich
ungeahnte dinge ändern sich
seltsame   dinge ändern sich ??????????
doch:
die meisten dinge ändern sich -

ich weiss
du weisst
er/sie/es wissen
wir wissen
ihr wisst
sie wissen

die wahrheit
die wir
aber doch nicht wissen wollen

von so vielem
    so viel habe ich

von so vielem
    zu viel habe ich

nur von dir
    habe ich noch immer
    nicht genug

es gibt
versprechen

die kannst du halten
die solltest du halten
die musst du halten

ja,
solche versprechen
soll es wohl geben

irgendwer kommt
und lässt dich strammstehen
- wie einen soldaten

irgendwer kommt
und lässt dich tanzen
- wie einen bären

irgendwer kommt
und lässt dich zappeln
- wie eine marionette

doch -
du kannst dich nicht wehren
kannst nichts dagegen tun

sie hatten sich
gesucht & gefunden

einfach nur
um sich

- gemeinsam -
zu verlieren

wer weiss –
wer weiss !
wer weiss ?

aber wenn wir wirklich wüssten –
wollten wir dann wirklich wissen ?

wenn ich dich
doch nur
so
wie du mich

auch heute noch
so
überraschen könnte

mit
diesen ideen
diesen gedanken
dieser liebe
!!!
???

nein,
ich brauche nicht mit vollgas
meinem ende entgegenzustürmen

denn -
mein ende hat sich schon
von alleine genähert

ist mir
- schon ein ganzes stück weit -
entgegen gekommen

- mit den jahren -

sei versichert –

es findet sich jemand,
der schlauer ist
– als du –
jemand,
der gerissener ist
– als du –
jemand,
der skrupelloser ist
– als du

beschlossen & verkündet
- schuldig -

& schnipp:

einen finger verloren -
- wegen irgendetwas

eine hand verloren -
- wegen irgendetwas

den kopf verloren -
- wegen irgendetwas

RAMPENLICHTER

SO
VIELE VON IHNEN
SO
SELBSTGERECHT
BESSERWISSEND
&
SO
SEHR EITEL

ABER IM GRUNDE SIND SIE DOCH NUR
- ARM -

sein auto war grassgrün
seine wangen waren rosarot
seine augen waren himmelblau

sein gesicht war aschfahl
seine seele war rabenschwarz

doch wenigstens –
sein leichentuch war blütenweiß

wie soll es denn im großen ?

wenn es schon nicht
im
kleinen ?

wehe ...
... wenn sie angegriffen

wehe ...
... wenn sie in die enge getrieben

und:
gnade dir gott –
– wenn sie erst bluten

mancher
tötet
aus versehen

niemand
mordet
aus versehen

für
mancher und niemand
mag es ein unterschied sein

bitterbösigkeit

als weggefährte
- nicht zu gebrauchen

als freund
- nicht zu gebrauchen

als mensch
- nicht zu gebrauchen

<u>als Gott würde ich</u>

keine neuen
düfte
kreieren und keine neue
flora
erschaffen und auch keine neue
fauna

auch keine neuen
farben
gestalten würde ich

nur den
menschen
den würde ich ganz anders konstruieren
oder sogar einfach
– weglassen –

im . . .
. . . falschen moment
am . . .
. . . falschen ort

die fliege
die spinne
der igel

&
manchmal auch mancher
mensch

wie gut
dass die zeit vergessen macht

- manches -
- so vieles -

und irgendwann auch
dich
&
mich

wie gut
dass die zeit vergessen macht

meine sorge um die zukunft der welt

oh jeh,
was
täte die welt wohl ohne dich

&
was hat die welt bloß früher
ohne dich getan

&
was wird die welt bloß später einmal
ohne dich tun

Glyphosat – GlyphoSaat

wir wissen es nicht genau

doch bisher ist
noch immer jede

saat aufgegangen

& hat dann ihre

früchte getragen

<u>Europa ?</u>

mein vater
hat auf Franzosen geschossen
Franzosen
haben auf meinen vater geschossen

. . .

meine beiden großväter
haben auf Franzosen geschossen
Franzosen
haben auf meine beiden großväter geschossen

meine beiden großväter
überlebten die geschosse der
Franzosen
& haben diese geschosse dann sogar so viele jahre noch
in ihrem körper getragen

<u>Europa ! ! !</u>